O MENINO NO ESPELHO

LIVRO 3

O CANIVETINHO VERMELHO

FERNANDO SABINO

ILUSTRADO POR

HILTON ROCHA

crivinho

APRESENTAÇÃO

Publicada em 1982, a obra **O menino no espelho** é a expressão mais universal e única da voz e da existência do menino Fernando Sabino para o mundo. Por meio dela, o escritor revela a todos nós que a vida só se faz plena e possível pela permanência do menino, mesmo quando homem.

Na obra autobiográfica, o autor nos conta suas façanhas de garoto, cheias de aventuras e divertimentos, alternando fantasia e realidade, de uma forma tão comum à infância. Cada capítulo é completo em si: traz a experiência do cotidiano pelo olhar da criança, permeada de graça e de beleza.

Neste ano de 2024, ano da comemoração do centenário de Fernando Sabino, a Crivo Editorial, honrosamente, lança a Coleção O menino no espelho em quadrinhos. Ilustrada por quadrinistas diversos, cada um com o seu traço, a coleção é composta de 12 volumes. Cada capítulo da obra se torna uma história, trazendo o encantamento e a atemporalidade da infância. Num tom humorístico, a riqueza e a pluralidade da narrativa de Fernando Sabino, pela mão de cada artista, divertem, entretêm, emocionam e comovem.

O menino no espelho em quadrinhos carrega nosso intuito primeiro e verdadeiro de reapresentar, por meio dessa linguagem visual e gráfica, um grande mestre da palavra para a posteridade.

"Quando eu era menino, os mais velhos perguntavam: o que você quer ser quando crescer? Hoje não perguntam mais. Se perguntassem, eu diria que quero ser menino."

Fernando Sabino.

NOSSA, QUE FILME É ESSE? POR QUE DIABOS ESTÃO PASSANDO UM FILME DIFERENTE HOJE, SEM BANDIDO E MOCINHO?
CINEMA
QUE HISTÓRIA É ESSA DE "HOMEM QUE FAZ MILAGRE"?
IMAGINA TER ESSES PODERES?
TUDO O QUE ELE DESEJAVA, COM A FORÇA DO PENSAMENTO, SE FAZIA VERDADE!
ATÉ QUE ELE PEDISSE QUE TUDO VOLTASSE AO NORMAL...TANTAS POSSIBILIDADES!

FICO PENSANDO: O QUE SERÁ QUE EU FARIA COM O PODER DE FAZER MILAGRES?
NO FILME, TUDO QUE ELE PEDIA ERA BOBAGEM. SE FOSSE EU, SERIA TOTALMENTE DIFERENTE.
APAGA ESSA LUZ QUE EU QUERO DORMIR!
TONINHO...

O QUÊ?
SERÁ MESMO POSSÍVEL? EU TENHO ESSE PODER?
SIM!

SIM! EU TENHO ESSE PODER!
O QUE FAREI!? O QUE FAREI!?
QUE BRINCADEIRA É ESSA? FICA APAGANDO E ACENDENDO A LUZ?
APAGA A LUZ! EU TENHO QUE LEVANTAR CEDO PRA IR PRA ESCOLA!
PLIM
MEU DEUS! COMO POSSO DORMIR AGORA?
EU PRECISO APROVEITAR ESSE PODER. JÁ SEI!
MAL POSSO ESPERAR!

DESEJO QUE A NOITE ACABE E O DIA NASÇA DE UMA VEZ!
QUE LINDO DIA VAI FAZER! HAHAHA
HÃ, MAS O QUE É ISSO?

MINHA NOSSA, JÁ É TARDE! VAI VER QUE PERDI A HORA!
ESTOU ATRASADO PARA A ESCOLA!
QUEM ME DEU ESSE PODER? QUANTOS MILAGRES EU CONSIGO FAZER? QUANTO TEMPO ISSO VAI DURAR? QUEM PODERIA ME RESPONDER ESSAS PERGUNTAS?
DEUS?
BOM, PELO SILÊNCIO, ELE NÃO DEVE ESTAR QUERENDO SE COMPROMETER. HEHEHE.

HUMM.. VAMOS TIRAR O MELHOR PROVEITO DISSO!
JÁ SEI! AQUELA CAIXA DE AREIA VAI SE TRANSFORMAR EM UM DOS MEUS SONHOS!
AINDA MAIS DEPOIS DE APRENDER A NADAR E DISPUTAR NA PISCINA DO MINAS TÊNIS NA CATEGORIA PETIZ!
E PODEREI ME TORNAR UM CAMPEÃO NADANDO TÃO BEM QUANTO O TARZAN.
AGORA POSSO FAZER O MILAGRE DE FICAR SEM RESPIRAR NO FUNDO DA PISCINA!

MAS ESSA PISCINA ESCONDE MEU SEGREDO.
NÃO É UMA PISCINA QUALQUER!
ELA TEM MEU ESCONDERIJO SECRETO QUE NINGUÉM NUNCA CONHECERÁ!

ESTE É MEU MUNDO, MEU DOMÍNIO. E SÓ EU TENHO ACESSO!
SOU UM VERDADEIRO REI.
ABENÇOA, SENHOR, AS FAMÍLIAS, AMÉM. ABENÇOA, SENHOR...
O QUE ESSE MENINO ESTÁ APRONTANDO AÍ FORA?

SOCORRO, DONA ODETE. DEUS NOS ACUDA! VEM VER UMA COISA! TEM UMA PISCINA NO QUINTAL!
O QUE FOI, MULHER?
OLHA LÁ!
MAS UÉ...?
NÃO VEJO NADA... ONDE É QUE VOCÊ VIU PISCINA?

DONA ODETE, EU JURO QUE VI!
HUM... SEI.
ESSA MULHER NÃO ESTÁ BOA DA BOLA.
ESTAVA LÁ, EU SEI O QUE VI!
ALZIRA, VOCÊ FICOU MALUCA?
HAHAHA HAHAHAH HAHAHAH AHAHAH

VOU FAZER UMA LISTA DE COISAS QUE QUERO QUE ACONTEÇAM E EXPERIMENTAR UMA POR UMA.
EU SEMPRE QUIS FICAR INVISÍVEL... MAS PARA QUE EU QUERO FICAR INVISÍVEL?
O MÁXIMO QUE IMAGINO É ENTRAR NO CINEMA SEM PAGAR.
MAS VAMOS VER...
OLÁ!... HEHEHE
A ROUPA FICOU INVISÍVEL TAMBÉM. MELHOR ASSIM!
VAI QUE EU PRECISO FICAR VISÍVEL NOVAMENTE E ESTOU PELADO!

OLÁ, MAMÃE!
FERNANDO?
FERNANDO? É VOCÊ?
ONDE ESTÁ, MEU FILHO?
AQUI!
ONDE É QUE SE METEU ESSE MENINO, MINHA NOSSA SENHORA?
HAHA HAHAHA
POR QUE ESTÁ SE ESCONDENDO?

ALZIRA!
MINHA NOSSA SENHORA! ESSA CASA TÁ MAL-ASSOMBRADA!

POW
TAÍ
TAP
TE ESCONJURO! VIRGEM SANTÍSSIMA, TENHA DÓ DE MIM!
UI... O QUE É ISSO?
POONM!
AI MEU SANTO, TEM DEMÔNIO NESSA CASA PRA TODO LADO!

HA HA HA
HA HA HA
VOU EXPERIMENTAR OUTROS MILAGRES!
NOSSA, COMO NÃO PENSEI NISSO ANTES!
QUEM NÃO SONHA EM CONHECER AO VIVO UM DE SEUS HERÓIS?
AGORA POSSO CONHECER ELES PESSOALMENTE!
OOOOOOOHHHHHHH

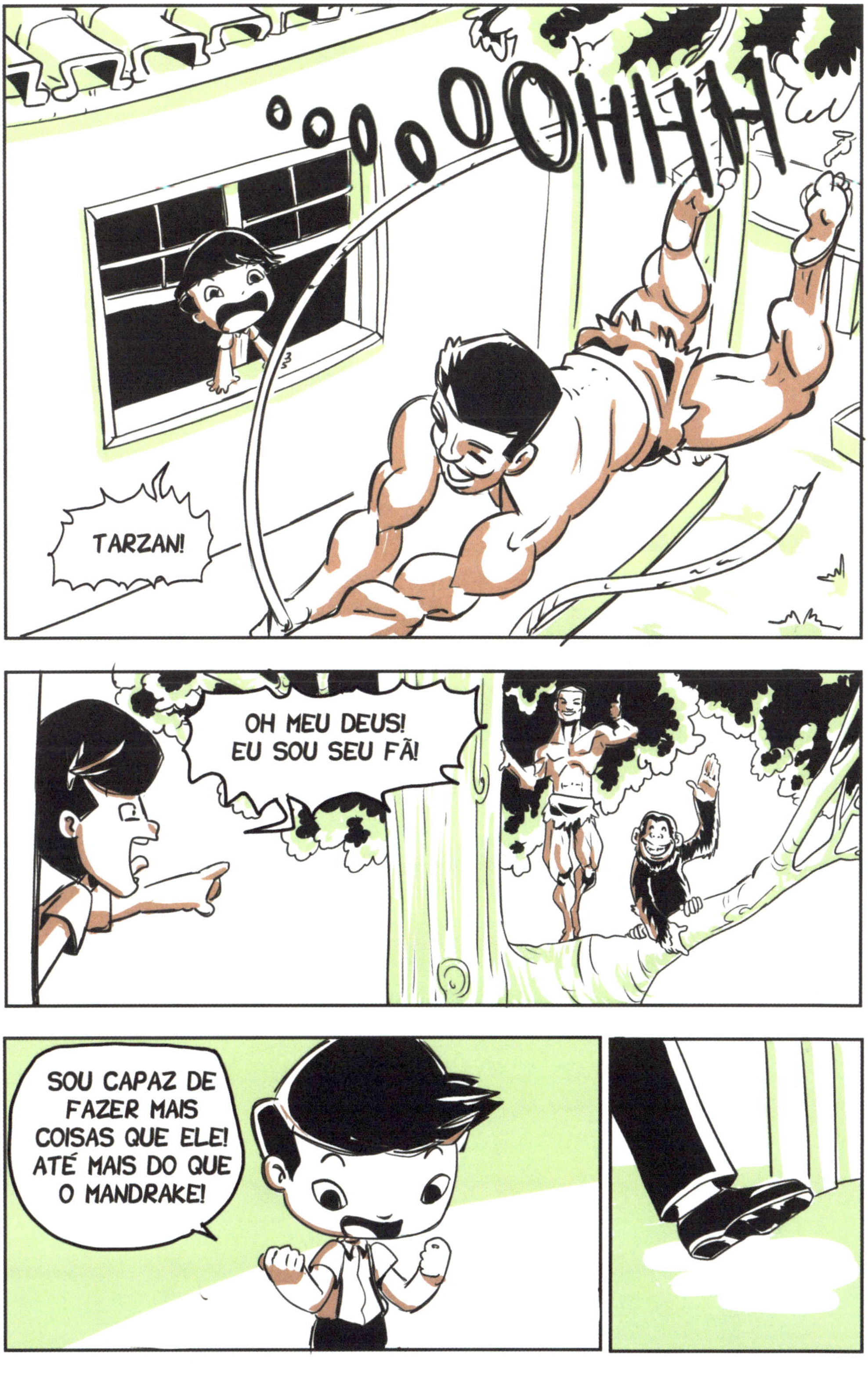
OOOOOOHHHH
TARZAN!
OH MEU DEUS! EU SOU SEU FÃ!
SOU CAPAZ DE FAZER MAIS COISAS QUE ELE! ATÉ MAIS DO QUE O MANDRAKE!

MANDRAKE!!
QUE LEGAL TER VOCÊS AQUI!
QUEM É MAIS PODEROSO: QUEM FAZ MÁGICAS OU QUEM FAZ MILAGRES?
QUEM FAZ MILAGRES.
ENTÃO SOU MAIS PODEROSO QUE VOCÊ?

NÃO, PORQUE O SEU PODER VAI ACABAR. E O MEU VAI CONTINUAR ETERNAMENTE.
COMO É QUE VOCÊ SABE?
SEI PORQUE MEU MUNDO É O DAS FIGURINHAS, ONDE TUDO DURA PARA SEMPRE. AO PASSO QUE NO SEU...
...TUDO COMEÇA E ACABA.
E QUANDO VAI ACABAR O MEU PODER DE FAZER MILAGRES?
QUANDO VOCÊ QUISER.

MAS... EU NÃO VOU QUERER NUNCA!
MANDRAKE, FAZ UMA MÁGICA AÍ PRA MIM!
META A MÃO NESSA CARTOLA QUE TEM UMA COISA PRA VOCÊ!
E OLHE NOS MEUS OLHOS...

UM CANIVETINHO VERMELHO!
HÃ... OBRIGADO?!
MÁGICA BOBA. EM TODO CASO É UM PRESENTE. FAÇO COISA MELHOR.
OBRIGADO, EU ACHO. NÃO ENTENDI BEM, MAS...
COM MEU PODER MILAGREIRO, POSSO CONSEGUIR COISA MIL VEZES MELHOR!

UÉ, FOI EMBORA?!
O QUE SERÁ QUE ELE QUIS DIZER COM "O SEU PODER VAI ACABAR"?
AH... EU QUERO VISITAR O SÍTIO DO PICAPAU AMARELO!
JÁ ME DIVERTI TANTO COM ELES! AGORA EU CONSIGO IR ATÉ LÁ PARA BRINCAR PESSOALMENTE!

BEM-VINDO A ESTA CASA, DOM FERNANDO!
NOSSA, SÃO VOCÊS MESMOS! OLÁ, VISCONDE! OLÁ, EMÍLIA!
É UM PRAZER TÊ-LO AQUI, JOVEM SENHOR!
VAMOS PODER BRINCAR A TARDE TODA!

MUITO OBRIGADO, DONA BENTA!
AGRADEÇA À NASTÁCIA, FOI ELA QUE FEZ ESSE BOLO MÃE BENTA PARA VOCÊ!
ESPERO QUE ESTEJA BOM!
ESTÁ MARAVILHOSO. ESTÁ TUDO ÓTIMO.
VOU ATÉ PROLONGAR ESSA TARDE PARA QUE ELA DURE MAIS! HAHAHA

É VERDADE QUE VOCÊ SABE FAZER MILAGRES, FERNANDO?
MAIS OU MENOS, PEDRINHO.
EU QUERIA QUE VOCÊ FIZESSE UM PARA MIM.
É O RABICÓ. ELE NÃO ACREDITA QUE A TERRA É REDONDA E QUE OS JAPONESES ESTÃO DE CABEÇA PARA BAIXO.
E SÓ NÃO CAEM POR CAUSA DA ATRAÇÃO DA TERRA.
É A LEI DA GRAVIDADE.

É SÓ ACABAR COM ELA PARA VER O QUE ACONTECE.

O QUE ACONTECEU? O QUE VOCÊ FEZ?
A GRAVIDADE! EU SEM QUERER ACABEI COM ELA!

O QUE ESTÁ ACONTECENDO?
IUPI!!!

MEU DEUS! E AGORA?
COMO É QUE O HOMEM DO FILME FEZ MESMO? SERÁ QUE VAI DAR CERTO?
EU QUERIA QUE TUDO VOLTASSE A SER COMO ERA ANTES!

APAGA ESSA LUZ QUE EU QUERO DORMIR!
DEU CERTO!
FOI UM SONHO. FOI TUDO UM SONHO.
UFA... AINDA BEM.
CLIC!

DEVO TER COCHILADO SEM VER.
MEU DEUS, O CANIVETINHO VERMELHO!!!

FERNANDO SABINO

Escritor, jornalista, editor e cineasta, nascido em Belo Horizonte, Minas Gerais, Fernando Sabino é uma das mais expressivas personalidades das letras brasileiras da segunda metade do século XX. Sua obra literária caracteriza-se pela capacidade de revelar, com fino senso de humor e ironia, o lado pitoresco e poético de fatos cotidianos. Filho do representante comercial Domingos Sabino e de Odete Tavares Sabino, o escritor teve seus livros traduzidos para diversos idiomas e foi agraciado com prêmios como o Machado de Assis, da Academia Brasileira de Letras (1999), e o Jabuti (1980), com O grande mentecapto. Com passagens pelos Estados Unidos e pela Europa, foi, além de adido cultural da embaixada do Brasil em Londres, colaborador dos principais jornais do Brasil. Sua obra é composta por mais de 40 livros. Morreu no Rio de Janeiro, no dia em que completaria 81 anos de idade.

HILTON ROCHA

@hill_rocha | quintovento@gmail.com

Hilton é ilustrador, quadrinista e animador há 10 anos. Formado em Cinema de Animação e Artes Digitais pela UFMG. Em 2021, lançou o quadrinho "Memórias de um Ser Eterno", pela Lei Aldir Blanc. Em 2020, participou como ilustrador no lançamento da Editora Draco "Shogum dos Mortos", de Daniel Werneck. De 2018 a 2020, trabalhou como storyboarder e desenhista no quadrinho internacional "CHIMP CHAMPS!", lançado em 2023. Em 2015, foi convidado como storyboarder em "O Despertar de Cthulhu" pela Editora Draco, na história "O Caso da Truta Salmonada". Anteriormente, lançou o quadrinho independente de terror e suspense "Além", que teve o lançamento de sua sequência nas edições do FIQ 2015 e 2017. Também lançou, em parceria com membros do estúdio Black Ink, o quadrinho "Mochilão" pelo selo RoboManco.

ACOMPANHE OS OUTROS TÍTULOS DA SÉRIE!

1. O MENINO E O HOMEM
2. GALINHA AO MOLHO PARDO
3. O CANIVETINHO VERMELHO
4. COMO DEIXEI DE VOAR
5. O MISTÉRIO DA CASA ABANDONADA
6. UMA AVENTURA NA SELVA
7. O VALENTÃO DA MINHA ESCOLA
8. O MENINO NO ESPELHO
9. MINHA GLÓRIA DE CAMPEÃO
10. NAS GARRAS DO PRIMEIRO AMOR
11. A LIBERTAÇÃO DOS PASSARINHOS
12. O HOMEM E O MENINO

CAPA E PROJETO GRÁFICO: João Henrique Belo
ROTEIRO: Hilton Rocha
REVISÃO: Amanda Bruno de Mello
EDIÇÃO: Juliane Gomes de Oliveira
COORDENAÇÃO EDITORIAL: Lucas Maroca de Castro e
Lucia Helena Russo Maroca de Castro

FSC
MISTO
Papel
FSC® C019350

S116m Sabino, Fernando, 1923-2004.
O menino no espelho [manuscrito]/ Fernando Sabino; ilustrado
por Hilton Rocha. -- Belo Horizonte: Crivinho, 2024.
12v.: il., color.; 18 cm x 24 cm.
Livro 3 - O canivetinho vermelho.
Texto em quadrinhos.

ISBN: 978-65-89720-33-1

I. Histórias em quadrinhos 2. literatura infantojuvenil.
I. Rocha, Hilton. II. Título.

CDD 741.59 / CDU 741.5

Índice para catálogo sistemático:
1. CDD 741.59 Histórias em quadrinhos
2. CDU 741.5 Caricaturas: Desenho Artístico

Elaborado por Alessandra Oliveira Pereira CRB-6/2616

Crivo Editorial
Rua Fernandes Tourinho, 602, sala 502
30.112-000 - Funcionários - Belo Horizonte - MG

www.crivoeditorial.com.br
contato@crivoeditorial.com.br
facebook.com/crivoeditorial
instagram.com/crivoeditorial
loja.crivoeditorial.com.br